sekolo - colegio	2
eta - viaje	5
sepalangwa - transporte	8
toropo - ciudad	10
boago jwa lefelo - paisaje	14
lefelo la go jela - restaurante	17
lebenkele - supermercado	20
dino - bebidas	22
dijo - comida	23
polase - granja	27
ntlo - casa	31
phaposi ya bodulo - living	33
boapeelo - cocina	35
phaposi ya go tlhapela - baño	38
phaposi ya bana - cuarto de los chicos	42
seaparo - ropa	44
kantoro - oficina	49
ikonomi - economía	51
maemo - ocupaciones	53
didiriswa - herramientas	56
didirisiwa tsa mmino - instrumentos musicales	57
lefelo la go bonela diphologolo - zoológico	59
metshameko - deportes	62
didirwa - actividades	63
lelapa - familia	67
mmele - cuerpo	68
sepetlele - hospital	72
tshoganyetso - emergencia	76
Lefatshe - Tierra	77
tshupanako - reloj	79
beke - semana	80
ngwaga - año	81
dipopego - formas	83
mebala - colores	84
ganetsa - opuestos	85
dipalo - números	88
dipuo - idiomas	90
mang / eng / jang - quién / qué / cómo	91
kae - dónde	92

Impressum
Verlag: BABADADA GmbH, Nedderfeld 112 , 22529 Hamburg
Geschäftsführer / Verlagsleitung: Harald Hof
Druck: Books on Demand GmbH, In de Tarpen 42, 22848 Norderstedt

Imprint
Publisher: BABADADA GmbH, Nedderfeld 112 , 22529 Hamburg, Germany
Managing Director / Publishing direction: Harald Hof
Print: Books on Demand GmbH, In de Tarpen 42, 22848 Norderstedt

sekolo

colegio

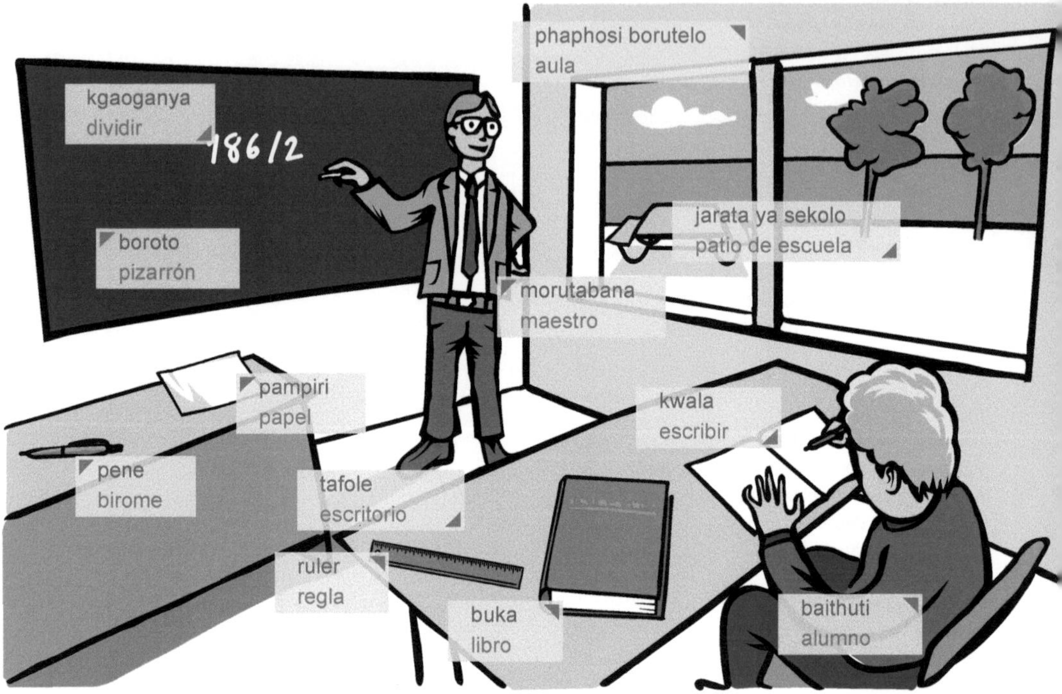
phaphosi borutelo
aula
kgaoganya
dividir
186/2
boroto
pizarrón
jarata ya sekolo
patio de escuela
morutabana
maestro
pampiri
papel
kwala
escribir
pene
birome
tafole
escritorio
ruler
regla
buka
libro
baithuti
alumno

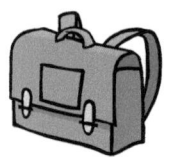

kgetsana ya dibuka

mochila

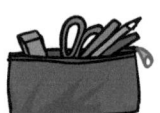

setsenya dipensele

caja de lápices

pensele

lápiz

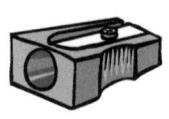

seseta pensele

sacapuntas

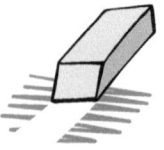

sephimola

goma (de borrar)

boto ya go torowa

bloc de dibujo

torowa

dibujo

boratšhe jwa pente

pincel

bokose ya pente

caja de pinturas

dikere

tijera

sekgomaretsi

pegamento

buka ya go kwalela

cuaderno de ejercicios

tirogae

tarea

palo

número

tlhakanya

sumar

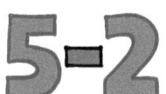

kgaoganya

restar

atisa

multiplicar

khalkhuleitara

calcular

lekwalo

letra

alfabete

abecedario

lefoko

palabra

mafoko

texto

bala

leer

choko

tiza

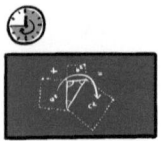

thuto

lección

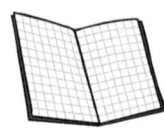

rejistara

cuaderno de clase

tlhatlhobo

examen

setifikeiti

certificado

diaparo tsa sekolo

uniforme escolar

thuto

educación

encyclopedia

enciclopedia

unibesithi

universidad

mikoroskoupo

microscopio

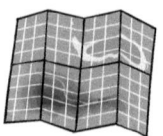

mmepe

mapa

moteme wa dipampiri

tacho (de basura)

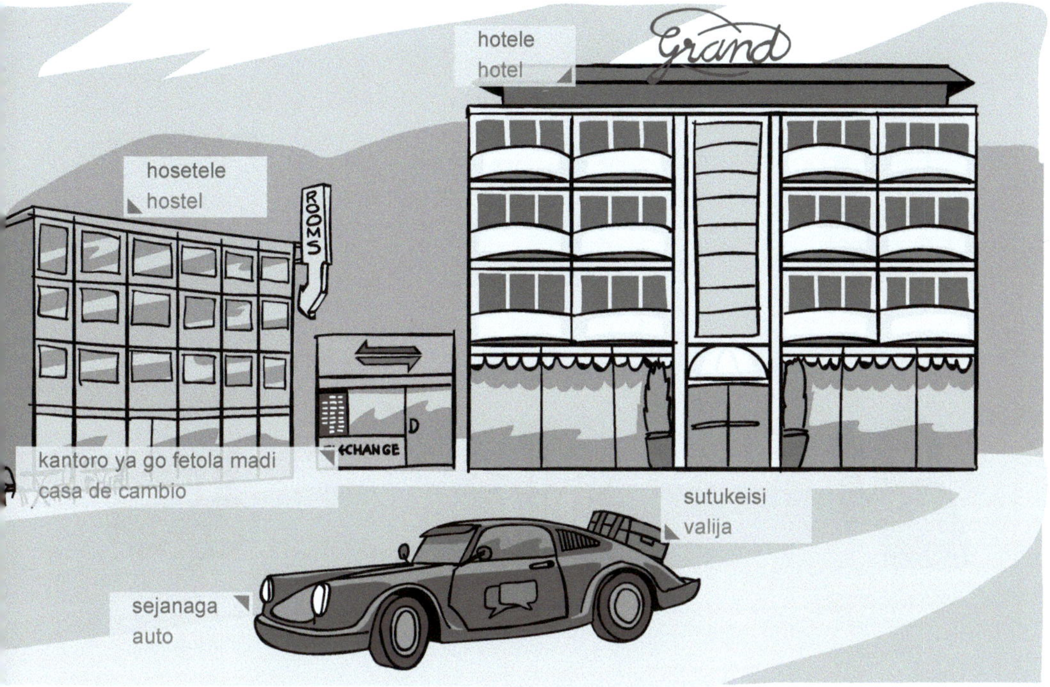

hotele
hotel
Grand
hosetele
hostel
ROOMS
kantoro ya go fetola madi
casa de cambio
sutukeisi
valija
sejanaga
auto

puo

idioma

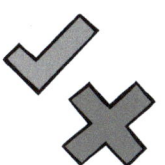

ee / nnyaa

sí / no

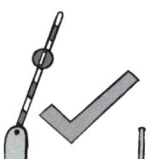

Go siame

Está bien

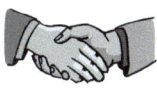

dumela

hola

moranodi

traductor

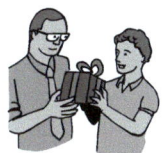

Ke a leboga

Gracias

ke bokae…?

¿cuánto cuesta…?

ga ke tlhaloganye

No entiendo

bothata

problema

O itumelele bosigo!

¡Buenas tardes!

Dumela!

¡Buenos días!

Robala Sentle!

¡Buenas noches!

tsamaya sentle

adiós

tsela

dirección

dithoto

equipaje

kgetsi

bolso

kgetsi

mochila

moeng

invitado

phaposi

habitación

kgetsana ya go robalela

bolsa de dormir

mogope

carpa

shedimosetso ya mojanala

información turística

lewatle

playa

karata ya go tsaya sekoloto

tarjeta de crédito

sefitlholo

desayuno

dijo tsa motshegare

almuerzo

dijo tsa maitsiboa

cena

tekete

pasaje

lifiti

ascensor

setempe

sello

bodara

frontera

dingwao

aduana

embassy

embajada

visa

visa

lokwalo itshupo

pasaporte

sepalangwa
transporte

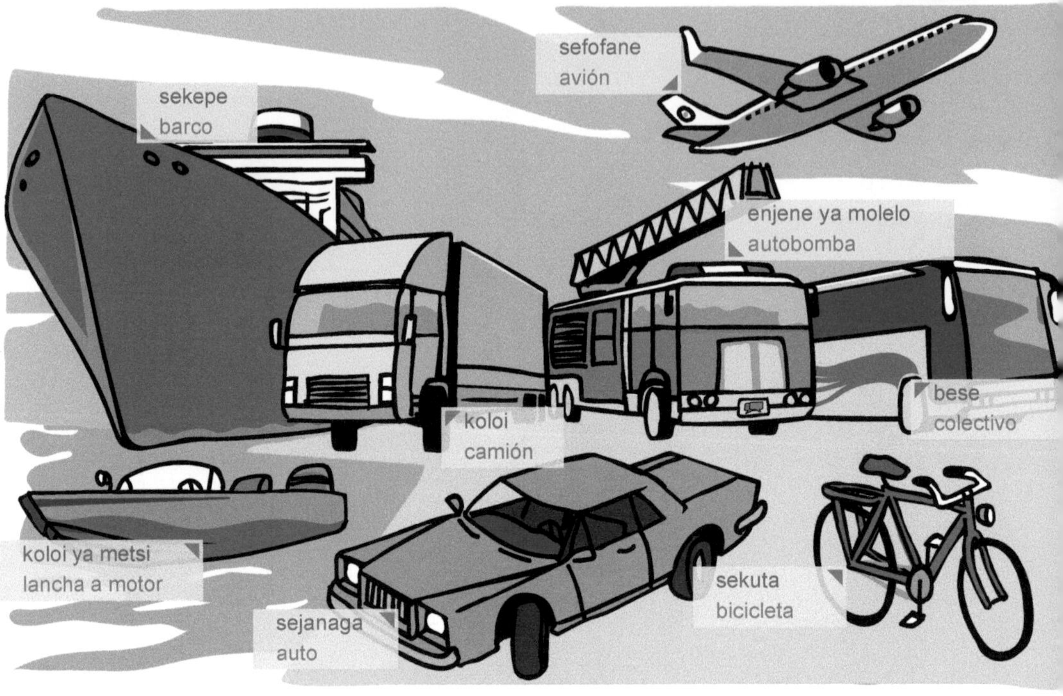
sefofane
avión
sekepe
barco
enjene ya molelo
autobomba
koloi
camión
bese
colectivo
koloi ya metsi
lancha a motor
sekuta
bicicleta
sejanaga
auto

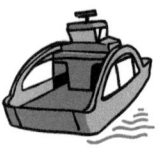

feri

ferry

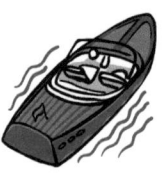

sekepe

bote

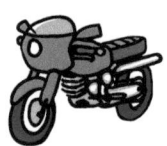

sethuthuthu

moto

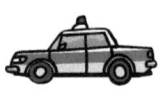

sejanaga sa mapodisa

patrullero

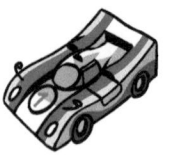

sejanaga sa lobelo

auto de carreras

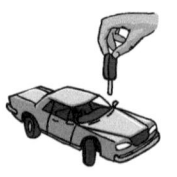

sejanaga se se hirilweng

auto de alquiler

aroganya sejanaga

alquiler de autos

koloi e e gogang dikoloi tse di robegileng

grúa

koloi e e tsayang matlakala

camión de basura

koloi

motor

lookwane

nafta

seteišhene sa lookwane

estación de servicio

letshwao la pharakano

señal de tránsito

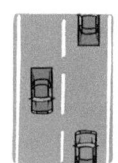

pharakano

tránsito

pharakano

embotellamiento

lefelo la go emisa koloi

estacionamiento

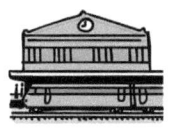

seteišhene sa terena

estación de tren

mela

vías

terena

tren

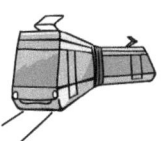

tereme

tranvía

kolotsana

vagón

sefofane

helicóptero

boemeladifofane

aeropuerto

tora

torre

mopalami

pasajero

sekhafothini

contenedor

bokoso

caja de cartón

karaki

carretilla

basekete

canasta

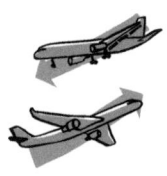

go tsamaya / go fitlha

despegar / aterrizar

toropo

ciudad

motse

pueblo

legare la teropo

centro de ciudad

ntlo

casa

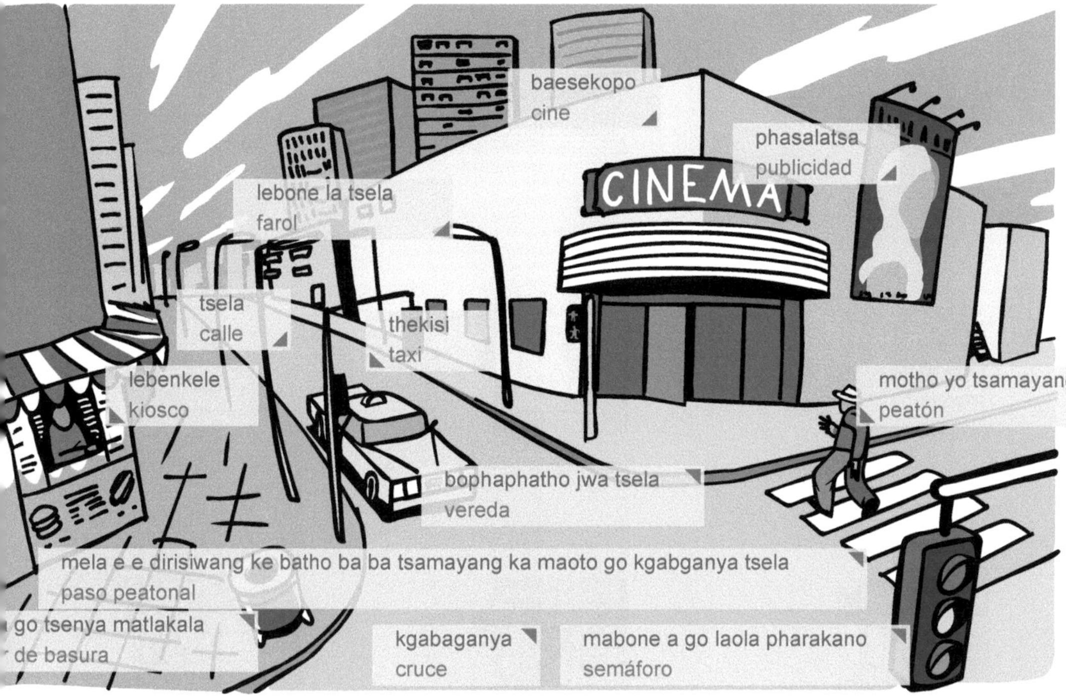

baesekopo
cine

phasalatsa
publicidad

lebone la tsela
farol

CINEMA

tsela
calle

thekisi
taxi

lebenkele
kiosco

motho yo tsamayang
peatón

bophaphatho jwa tsela
vereda

mela e e dirisiwang ke batho ba ba tsamayang ka maoto go kgabganya tsela
paso peatonal

go tsenya matlakala
de basura

kgabaganya
cruce

mabone a go laola pharakano
semáforo

tlo e e ruletseng ka bojang

cabaña

sephara

departamento

seteišhene sa terena

estación de tren

ntlolehalahala la toropo

municipalidad

museamo

museo

sekolo

colegio

unibesithi

universidad

banka

banco

sepetlele

hospital

hotele

hotel

lefelo la melemo

farmacia

kantoro

oficina

lebenkele la dibuka

librería

lebenkele

negocio

batho ba ba rekisang malomo

florería

lebenkele

supermercado

maraka

mercado

lebenkele la diaparo

grandes tiendas

fishmongers

pescadería

moago wa mabenkele a a mantsi

centro comercial

boema dikepe

puerto

serapa

parque

banka

banco

borogo

puente

ditepisi

escaleras

kwa tlase ga lefatshe

subte

kgogometso

túnel

boemela bese

parada del colectivo

bara

bar

lefelo la go jela

restaurante

lebokose la pose

buzón

letshwao la tsela

letrero

mitara wa go emisa koloi

parquímetro

lefelo la go bonela
diphologolo

zoológico

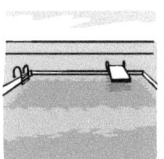

letlodi la go thuma

pileta

tempele ya mamoselema

mezquita

polase

granja

kgotlelelo

contaminación

mabitla

cementerio

kereke

iglesia

lefelo la go tshamekela

juegos infantiles

temple

templo

boago jwa lefelo

paisaje

setlhatsana
hoja

matshwao
poste indicador

tsela
camino

ditlhaga
pradera

letlapa
piedra

motho yo o tsamayang mo thabeng
excursionista

setlhare
árbol

noka
río

bojang
hierba

lelomo
flor

mokgatšha

valle

thatshana

montaña

lekadiba

lago

sekgwa

bosque

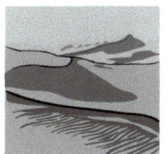

sekaka

desierto

lekgwamolelo

volcán

khasele

castillo

motshe wa badimo

arco iris

leboa

champiñón

mokolana

palmera

montsane

mosquito

tshenekegi

mosca

tshoswane

hormiga

notshi

abeja

segokgo

araña

khukhwana

escarabajo

segwagwa

rana

mosha

ardilla

noko

erizo

mmutla

liebre

morubisi

lechuza

nonyane

pájaro

pidipidi

cisne

dikolobe tsa naga

jabalí

kgokong

ciervo

moose

alce

letamo

presa

sefetlhaphefo

aerogenerador

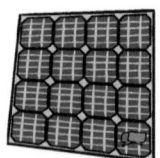

motlakase o o dirilweng ka
letsatsi

panel solar

loapi

clima

weitara
mozo

lenaane la dijo
menú

setulo
silla

sopo
sopa

pizza
pizza

dintsho
cubiertos

fatuku ya tafole
mantel

sejo sa ntlha

entrada

sejo sa bobedi

plato principal

dijo tse di naleng sukiri

postre

dino

bebidas

dijo

comida

botlolo

botella

dijo tsa mo strateng

comida rápida

dijo tsa seterata

comida callejera

ketlele ya tee

tetera

sejana sa go tsenya sukiri

azucarera

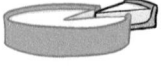

karolo

porción

motšhini wa espresso

cafetera expreso

setulo se se kwa godimo

sillita alta

tshupamolato

cuenta

terei

bandeja

thipa

cuchillo

forotlho

tenedor

liso

cuchara

leswana

cucharita

lesela la go iphimola

servilleta

galase

vaso

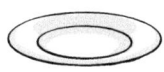

poleiti
plato

poleiti ya sopo
plato hondo

sosara
plato

sopo
salsa

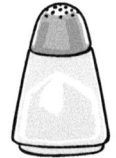

sejana sa letswai
salero

sesila pepere
molinillo de pimienta

aseini
vinagre

oli
aceite

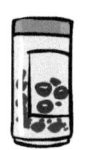

ditswaiso
especias

tamati souso
kétchup

masetete
mostaza

mayonaese
mayonesa

lebenkele

supermercado

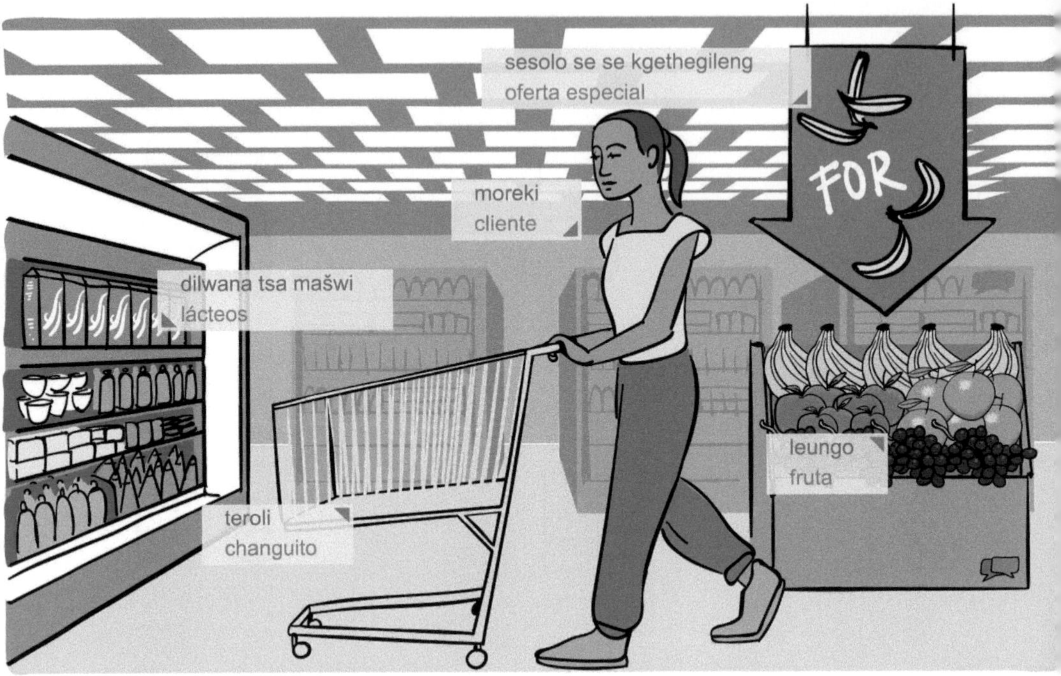

sesolo se se kgethegileng
oferta especial
FOR
moreki
cliente
dilwana tsa mašwi
lácteos
leungo
fruta
teroli
changuito

BUTCHERS

batho ba ba segang nama

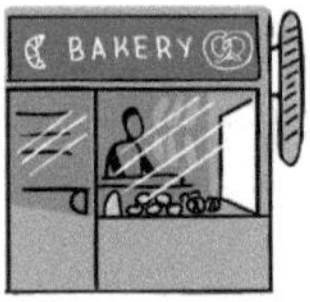

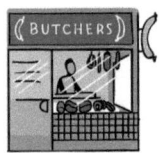

carnicería

BAKERY

babaki

panadería

boima

pesar

merogo

verduras

nama

carne

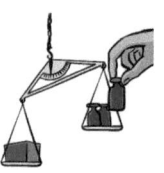

dijo tse di aesitsweng

alimentos congelados

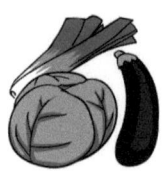

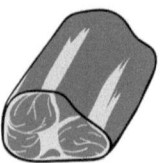

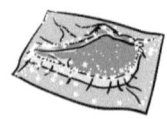

nama e e sa tlhokeng go
apewa
....
fiambres

dijo tsa thini
....
alimentos enlatados

molora o o tlhatswang
....
detergente en polvo

dimonamone
....
golosinas

dilwana tsa ntlo
....
electrodomésticos

dilwana tsa go phepafatsa
....
productos de limpieza

morekisi
....
vendedora

motšhini wa madi
....
caja

morekisi
....
cajero

lennane la go reka
....
lista de compras

diura tsa go bula
....
horario de atención

sepatšhe
....
billetera

karata ya go tsaya sekoloto
....
tarjeta de crédito

kgetsi
....
cartera

kgetsi ya polasetiki
....
bolsa de plástico

bebidas

metsi

agua

jusi

jugo

mašwi

leche

khouku

bebida cola

beine

vino

biri

cerveza

bojalwa

alcohol

khoukhou

cacao

tee

té

kofi

café

esepereso

café expreso

cappuccino

cappuccino

panana

banana

apole

manzana

namune

naranja

legapu

melón

surunamune

limón

segwete

zanahoria

konofole

ajo

lotlhaka lwa bampuse

bambú

eie

cebolla

mabowa

champiñón

manoko

nueces

di-noodles

fideos

sepagethi

tallarines

raese

arroz

salate

ensalada

ditšhipisi

papas fritas

ditapole tse di gadikilweng

papas fritas

pizza

pizza

hamburger

hamburguesa

borotho jo bo tlapisitsweng

sándwich

nama e e gadikilweng

churrasco

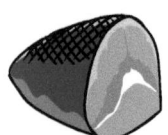

nama ya kolobe

jamón

salami

salame

boroso

salchicha

koko

pollo

gadika

asado

tlhapi

pescado

bogobe jwa outse

copos de avena

muesli

muesli

cornflakes

copos de maíz

bupi

harina

croissante

medialuna

banse

pancito

borotho

pan

borotho jo bo besitsweng

tostada

bisikiti

galletitas

botoro

manteca

tšhisi

cuajada

kuku

torta

lee

huevo

lee le le gadikilweng

huevo frito

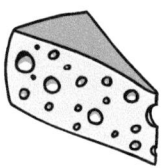

kase

queso

aesekirimi

helado

sukiri

azúcar

mamepe a dinotshe

miel

jeme

mermelada

chokolete e e tshasiwang

pasta de chocolate

khari

curry

dijo - comida

polase
granja

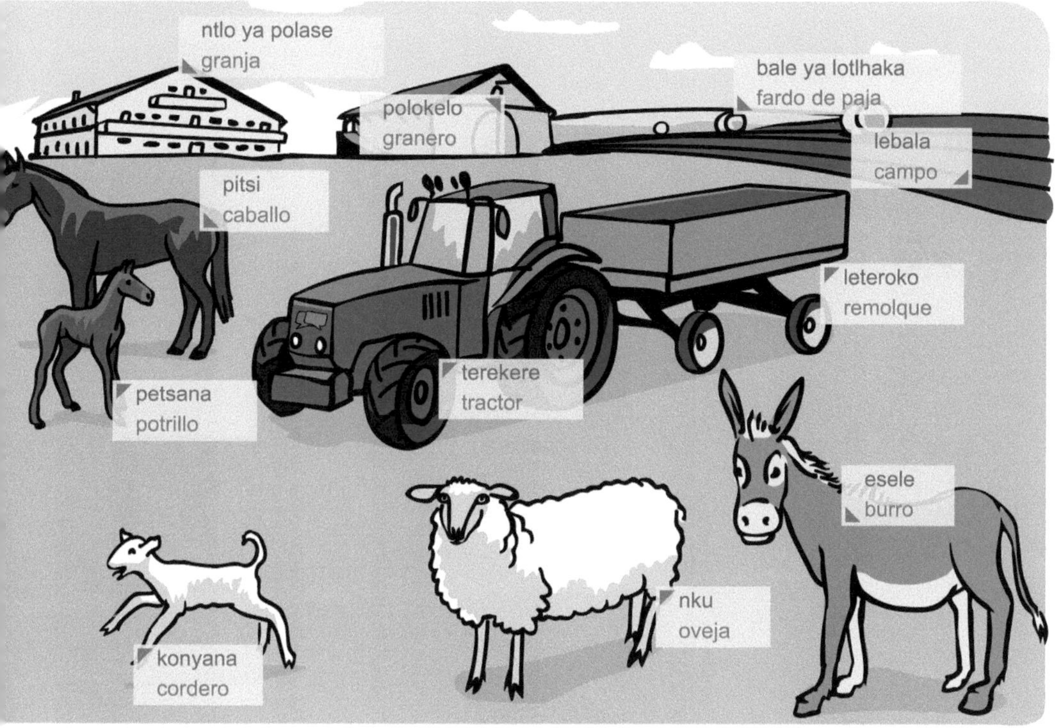
ntlo ya polase
granja
polokelo
granero
bale ya lotlhaka
fardo de paja
lebala
campo
pitsi
caballo
leteroko
remolque
terekere
tractor
petsana
potrillo
esele
burro
nku
oveja
konyana
cordero

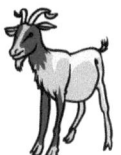

pudi
cabra

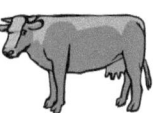

kgomo
vaca

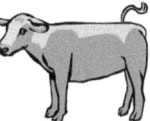

namane
ternero

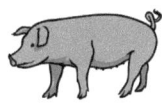

kolobe
cerdo

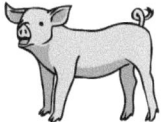

kolojane
lechón

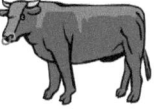

poo
toro

ganse

ganso

pidipidi

pato

kokwanyana

pollo

mokoko

gallina

mokoko

gallo

peba

rata

katse

gato

peba

ratón

kgomo

buey

ntša

perro

ntlo ya ntša

cucha

lethompo la tshingwana

manguera

tanka ya go nosetsa

regadera

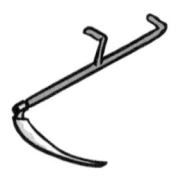

disekele tsa tshipi

guadaña

lema

arado

disekele
hoz

setlhagola
azada

foroko ya go peta
horquilla

selepe
hacha

kiribae
carretilla

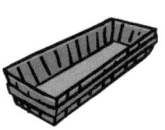

bonwelo
abrevadero

mašwi a a moteng ga moteme
lechera

kgetsana
bolsa

legora
reja

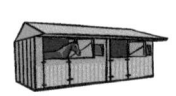

tsepame
establo

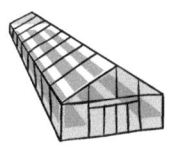

lefelo la go godisa dijalo
invernadero

mmu
suelo

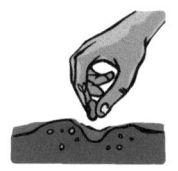

peo
semilla

menyoro
fertilizador

thobo e e kopaneng
cosechadora

thobo
....
cosechar

thobo
....
cosecha

di-yam
....
batatas

korong
....
trigo

soya
....
soja

tapole
....
papa

korong
....
maíz

disonobolomo
....
semilla de colza

setlhare sa maungo
....
árbol frutal

cassava
....
mandioca

dijo tsa phakela
....
cereales

sentshamosi
chimenea

marulelo
techo

peipe ya deraine
caño de desagüe

letlhabaphefo
ventana

karaje
garaje

bele ya setswalo
timbre

lebati
puerta

motene wa matlakala
tacho de basura

lebokose la dikwalo
buzón

tshingwana
jardín

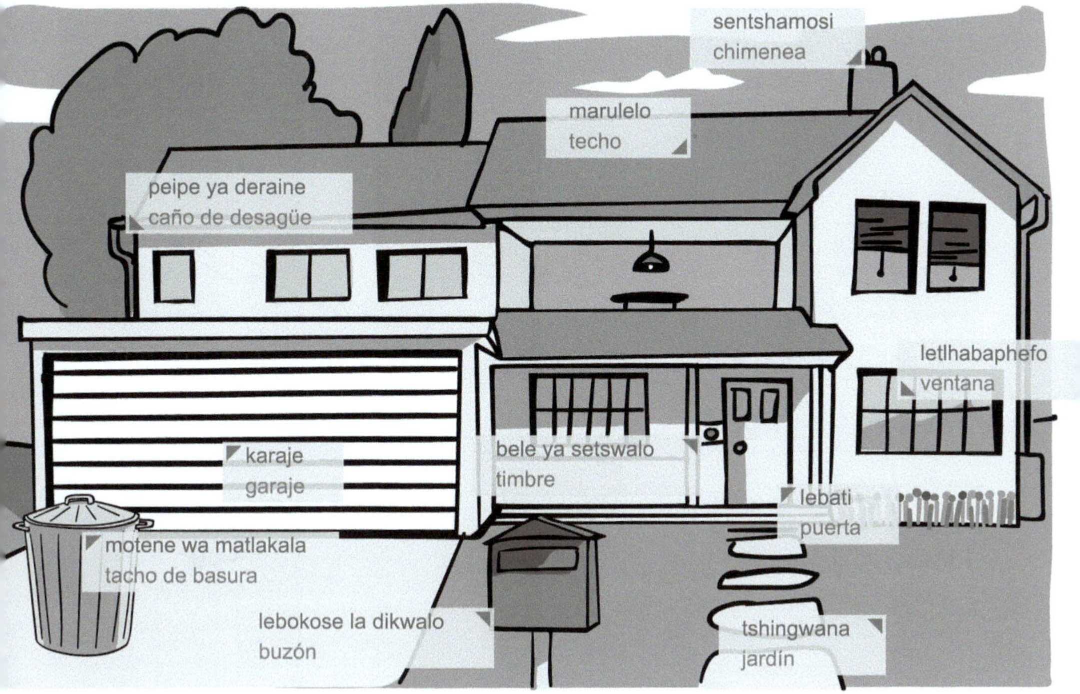

phaposi ya bodulo

living

phaposi ya go tlhapela

baño

boapeelo

cocina

phaposi ya borobalo

dormitorio

phaposi ya bana

cuarto de los chicos

phaposi ya bojelo

comedor

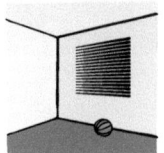

mo fatshe

piso

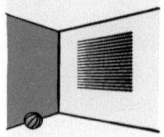

lebota

pared

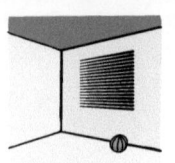

siling

cielorraso

mabolokelo

sótano

se futhumatsa mmele

sauna

mokatako

balcón

mokgekolosa

terraza

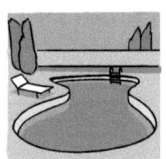

makadiba

pileta

sedirisiwa sa go sega
bojang

cortadora de pasto

lakane

sábana

kobo

acolchado

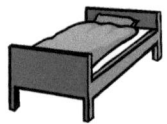

bolao

cama

lefielo

escoba

kgamelo

balde

switch

interruptor

phaposi ya bodulo

living

pampiri e e kgabisng lebota
empapelado
setshwantsho
imagen
lobone
lámpara
raka
estante
raka
armario
thelebishene
televisión
iso
chimenea
lelomo
flor
mosamo
almohadón
soufa
sofá
setsenya malomo
florero
selaola thelebishene o le kgakala le yone
control remoto

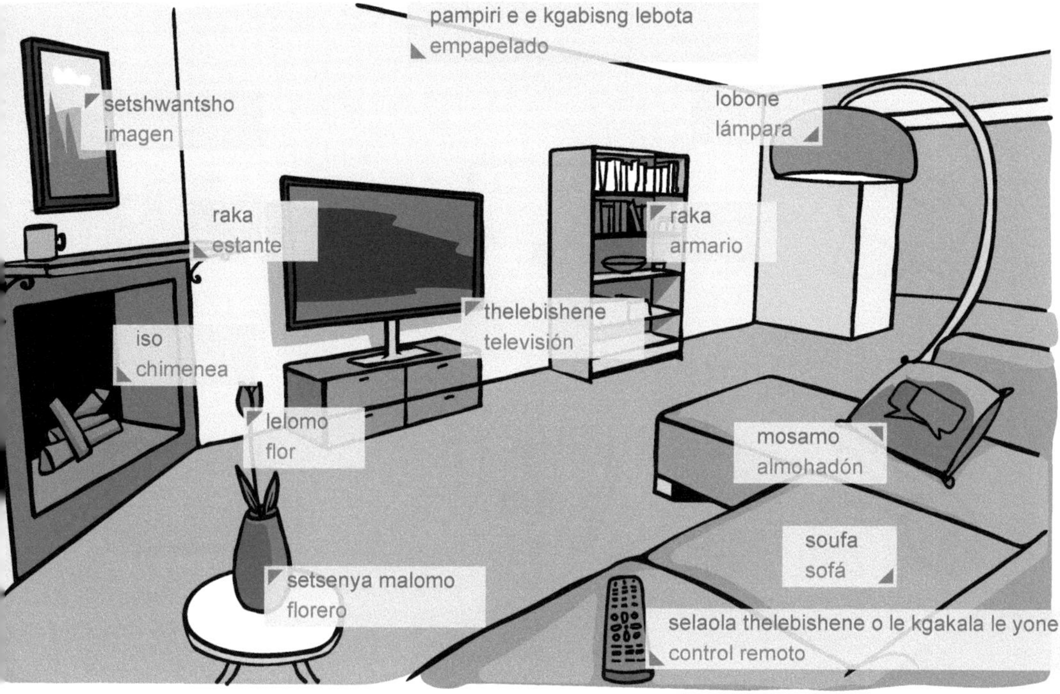

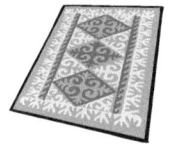

mmetshe

alfombra

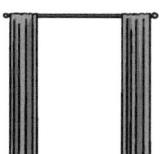

garetene

cortina

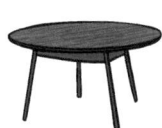

tafole

mesa

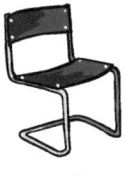

setulo

silla

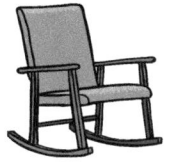

setulo se se binang

mecedora

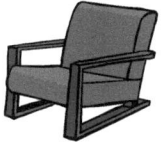

setulo se se naleng boikego

sillón

buka

libro

kobo

frazada

mokgabiso

decoración

dikgong tsa molelo

leña

filimi

película

hi-fi ya go letsa

equipo de música

selotlolo

llave

lokwalodikgang

diario

setshwantsho se se
dirilweng ka pente

pintura

pampiri ya go phasalatsa

póster

seyalemowa

radio

buka ya dintla

cuaderno

huvara

aspiradora

motoroko

cactus

kerese

vela

boapeelo
cocina

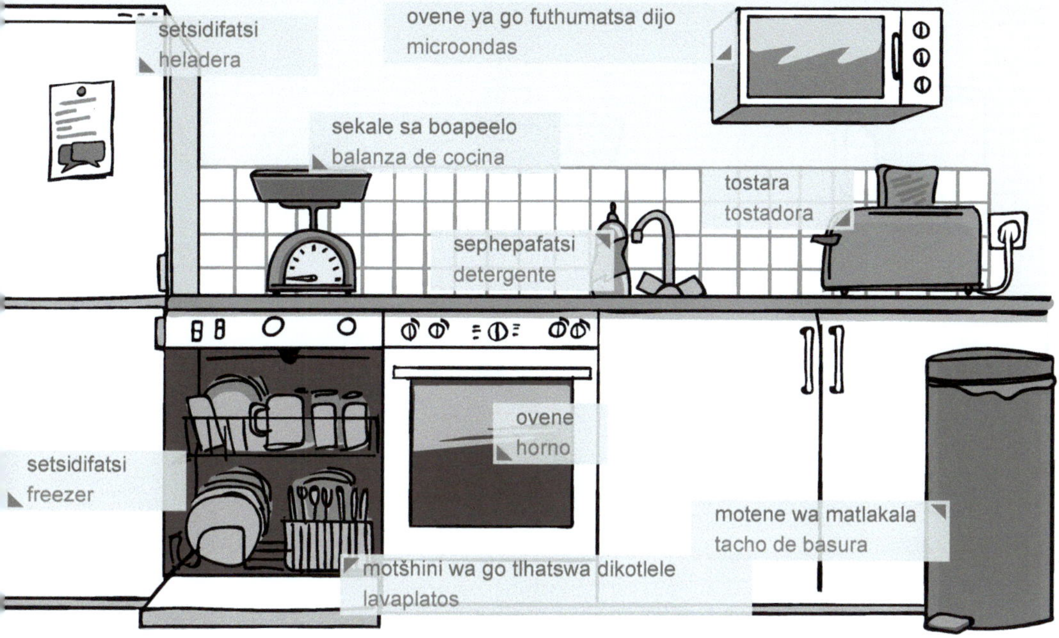

setsidifatsi
heladera
ovene ya go futhumatsa dijo
microondas
sekale sa boapeelo
balanza de cocina
tostara
tostadora
sephepafatsi
detergente
ovene
horno
setsidifatsi
freezer
motene wa matlakala
tacho de basura
motšhini wa go tlhatswa dikotlele
lavaplatos

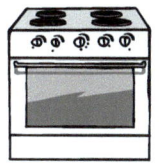

moapei
cocina

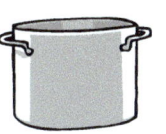

pitsa
olla

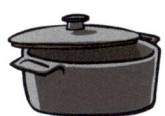

pitsa ya tshipi
olla de hierro fundido

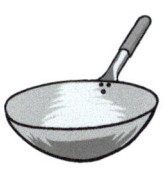

wok / kadai
wok

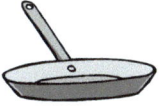

pane
sartén

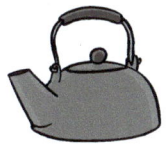

ketlele
pava

sefuthumatsi

vaporera

terei ya go baka

bandeja de horno

dintsho

vajilla

kopi

taza

sejana

bol

thobane ya go rema

palitos

thoka

cucharón

sepatšhula

estpátula

wiskara

batidora

setereinara

colador

setlhotlhi

colador

greitara

rallador

kika

mortero

nama ya kgomo

parrilla

molelo o o mopepeneneg

fogata

boroto ya go segela

tabla de picar

rolara

palo de amasar

sebula dibotlolo tsa beine

sacacorchos

moteme

lata

sebula moteme

abrelatas

setshwari sa pitsa

manopla

sinki

pileta

boratšhe

cepillo

sepontšhe

esponja

setlhakanya dijo / maungo

batidora

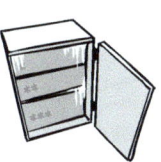

setsidifatsi

congelador

botlole ya ngwana

mamadera

tepe

canilla

phaposi ya go tlhapela

baño

shawara
ducha
thutafatsa
calefacción
toulo
toalla
garetene ya shawara
cortina de ducha
setshelo sa go dira dibabole mo bateng
baño de espuma
bata
bañadera
galase
vaso
setlhatswa diaparo
lavarropas
tepe
canilla
dithaele
baldosas
poti
pelela
sinki
pileta

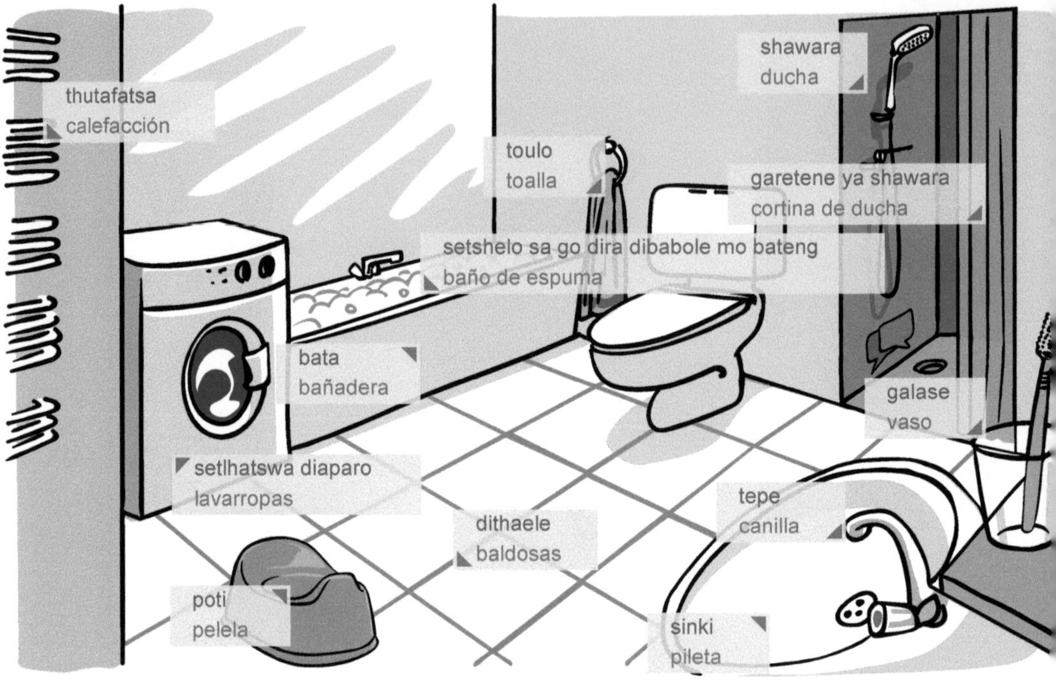

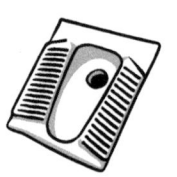

ntlwana
inodoro

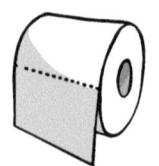

ntlwana ya go kotama
letrina

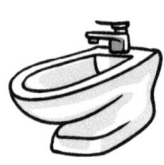

bidete
bidé

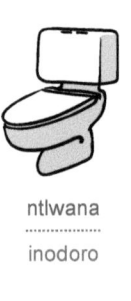

moroto
mingitorio

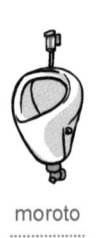

pampiri ya boithomelo
papel higiénico

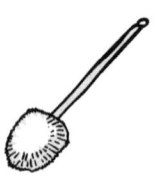

boratšhe jwa ntlwana
cepillo para el inodoro

boratše jwa meno

cepillo de dientes

sesepa sa meno

dentífrico

tlhale ya go phepafatsa meno

hilo dental

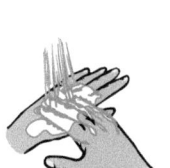

tlhatswa

lavar

shawara ya go itshwarela

ducha de mano

senkgisa monate

ducha higiénica

beisini

palangana

boratše jwa mokwatla

cepillo para espalda

sesepa

jabón

jele ya shawara

gel de ducha

setlhapisa moriri

shampoo

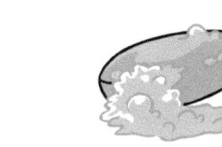

folanele

toallita

mosele

desagüe

setlolo

crema

senkgamonate

desodorante

seipone

espejo

seipone sa go itshwarela

espejito

legare

maquinita de afeitar

foumu ya go ntsha moriri

espuma de afeitar

foumu ya fa o fetsa go ntsha moriri

aftershave

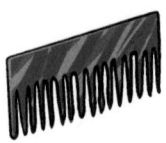

kama

peine

boratšhe

cepillo

seomisa moriri

secador de pelo

seporei sa moriri

spray

seitlole sa sefatlhego

maquillaje

setlolo sa molomo

lápiz de labios

pente ya dinala

esmalte para uñas

boboa

algodón

sekere sa dinala

tijera para uñas

leokwane le le nkgang monate

perfume

kgetsana ya go tlhatswa

portacosméticos

setulo

banqueta

sekale sa go lekanya

balanza

seaparo sa botlhapelo

bata

ditlelafo tsa rekere

guantes de goma

tempone

tampón

sedirisiwa sa basadi ba ba
mo kgweding

toallita femenina

ntlwana ya khemikhale

baño químico

phaposi ya bana
cuarto de los chicos

tshupanako ya alamo
despertador
mpopi wa go tlamparela
peluche
koloi e e tshamekang
coche de juguete
setšhakgatšhakga
sonajero
ntlo ya dipompi
casa de muñecas
poresente
regalo

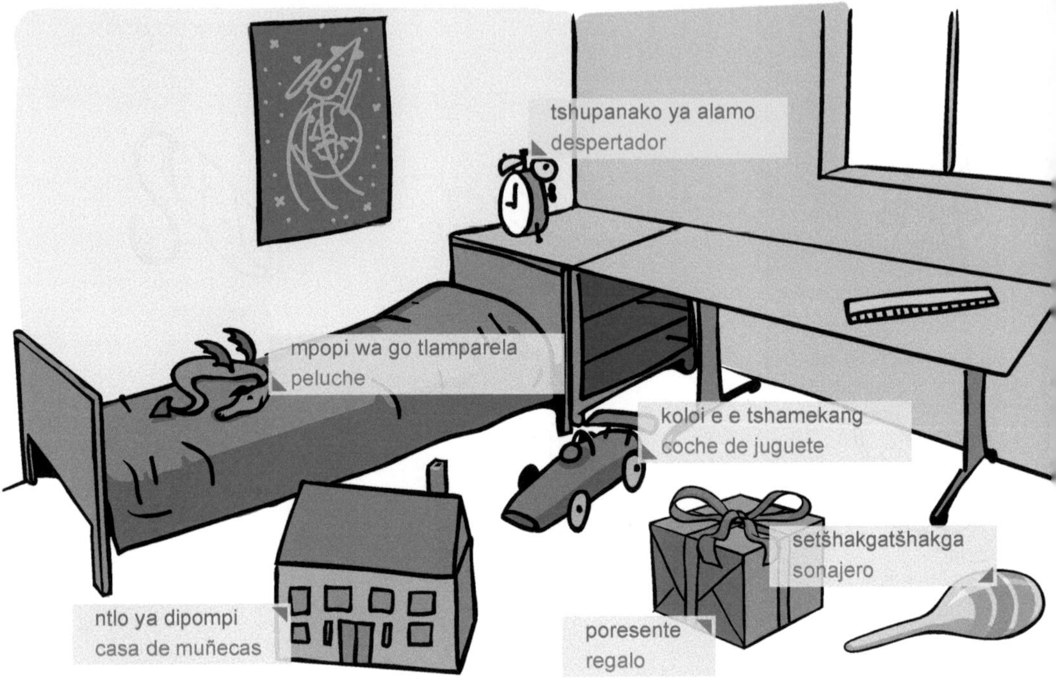

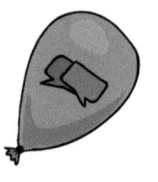

baluni
globo

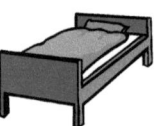

bolao
cama

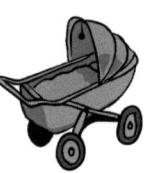

porema
cochecito

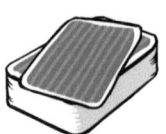

deck of cards
cartas

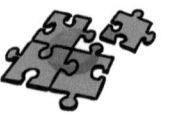

saga ya motlakase
rompecabezas

SUPER MEGA

buka ya ditshegisi
historieta

matlapa a go tshameka

piezas de lego

diboloko tse di tshamekang

ladrillos de juguete

setshwantsho sa motho

figura de acción

seaparo sa lesea

enterito (de bebé)

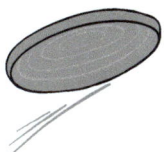

Frisbee

frisbee

selo sa go letsa mmino mo ditsebeng

móvil para bebés

motshameko wa boroto

juego de mesa

daese

dados

terena

tren eléctrico

tami

chupete

moletlo

fiesta

buka ya ditshwantsho

libro de cuentos ilustrado

bolo

pelota

mpopi

muñeca

tshameka

jugar

lebala le le naleng santa

arenero

moswinki

hamaca

ditshamekisi tsa bana

juguetes

motshameko wa dibidio

consola de videojuegos

baesekele ya maotwana a a mararo

triciclo

bera e e diretsweng go tshamekisa bana

osito de peluche

raka ya go baya diaparo

armario

seaparo

ropa

dikausu

medias

dikausu tsa basadi

medias panty

dithaetse

calzas

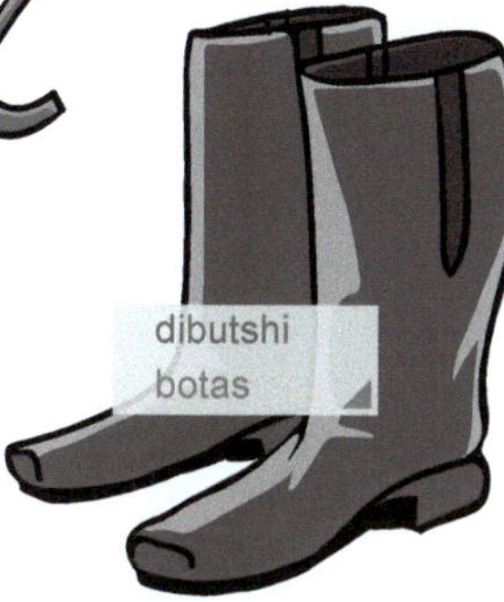

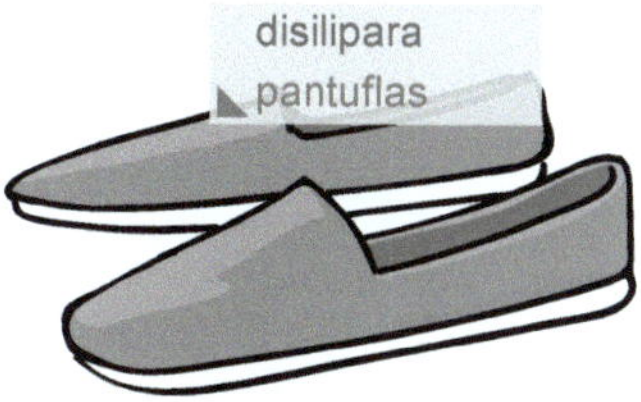

sekhafo
bufanda

lebante
cinturón

sekhukhu
paraguas

sekipa
remera

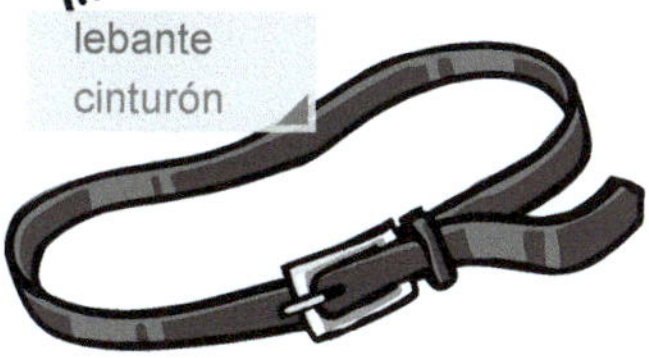

dibutshi
botas

disilipara
pantuflas

diteki
zapatillas

dimphatšhane
....
sandalias

ditlhako
....
zapatos

dibutshi tsa rekere
....
botas de goma

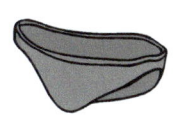

borukgwe jwa kwateng
....
ropa interior

boraa
....
corpiño

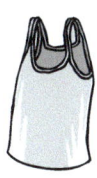

besete
....
chaleco

mmele
body

borukgwe
pantalones

bokate
jeans

sekete
pollera

bolaose
blusa

hempe
camisa

jeresi e e senang matsogo
pulóver

jakete e e enaleng hutshe
buzo

boleisara
blazer

jakete
campera

jase
tapado

jase ya pula
piloto

khosetjhumo
traje

mosese
vestido

mosese wa lenyalo
vestido de novia

sutu

traje

seaparo sa bosigo

camisón

diaparo tsa go robala

pijama

sari

sari

sekhafa sa tlhogo

pañuelo para cabeza

turban

turbante

burqa

burka

kaftan

caftán

abaya

abaya

seaparo sa go thuma

traje de baño

diteranka

short de baño

borukgwe jo bo khutshwane

shorts

terekesutu

jogging

seaparo sa go phephafatsa

delantal

ditlelafo

guantes

talama

botón

diborele

anteojos

sebaga

pulsera

sebaga sa mo thamong

collar

palamonwana

anillo

lengena

aro

kepisi

gorra

sepega baki

percha

hutshe

sombrero

tae

corbata

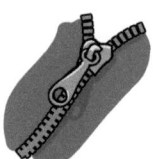

zepe

cierre

hutshe ya sethuthuthu

casco

ditrata tsa meno

tiradores

diaparo tsa sekolo

uniforme escolar

diaparo tsa mmereko /
diaparo tsa sekolo

uniforme

bebe
babero

tami
chupete

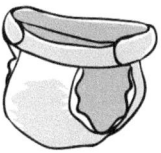

mongato
pañal

kantoro
oficina

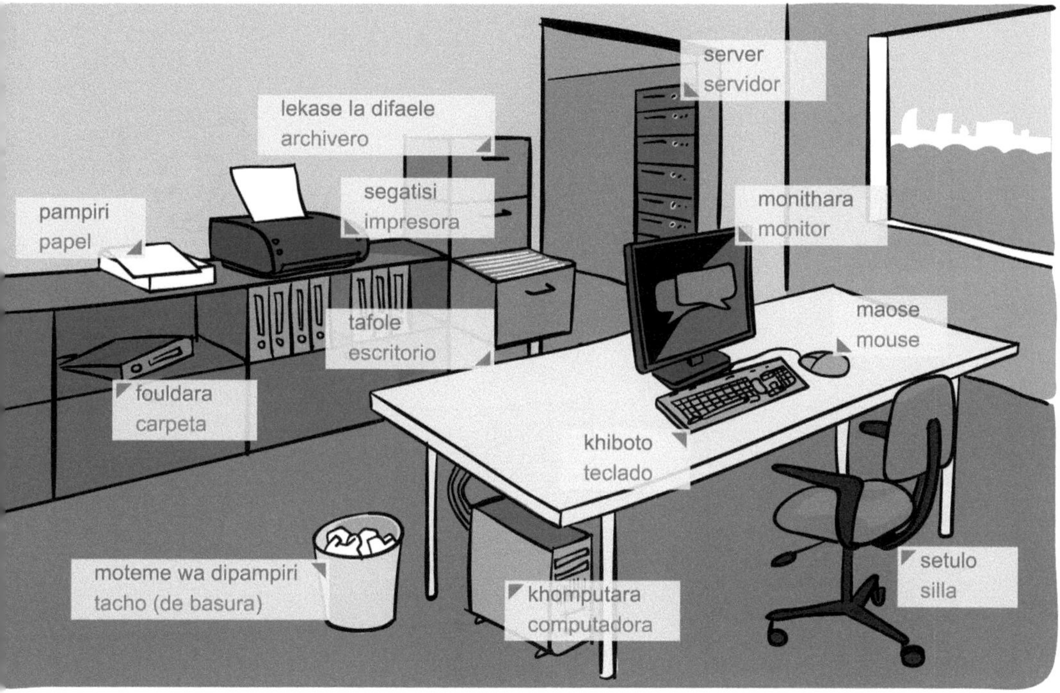

server
servidor

lekase la difaele
archivero

segatisi
impresora

pampiri
papel

monithara
monitor

tafole
escritorio

maose
mouse

fouldara
carpeta

khiboto
teclado

moteme wa dipampiri
tacho (de basura)

setulo
silla

khomputara
computadora

kopi
taza de café

khalkhuleitara
calculadora

inthanete
internet

lapothopo

laptop

lekwalo

carta

molaetsa

mensaje

mogala wa letheka

celular

kgolagano ya megala

red

segatisa dipampiri

fotocopiadora

software

software

mogala

teléfono

sokete ya polaka

tomacorriente

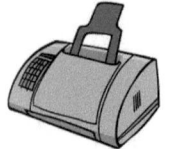

motšhini wa fekese

fax

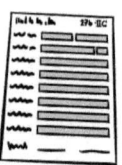

foromo

formulario

setlankana

documento

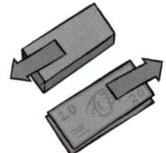

reka
....
comprar

patela
....
pagar

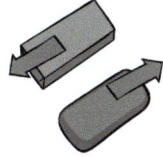

rekisa
....
hacer negocios

madi / tšhelete
....
dinero

dolara
....
dólar

euro
....
euro

yen
....
yen

roubele
....
rublo

swiss franc
....
franco suizo

renminbi yuan
....
yuan

rupee
....
rupia

lefelo la madi
....
cajero automático

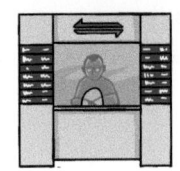

kantoro ya go fetola madi

casa de cambio

gauta

oro

selefera

plata

oli

petróleo

maatla

energía

tlhwatlhwa

precio

konteraka

contrato

lekgetho

impuesto

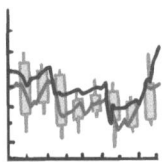

setoko

acción

dira

trabajar

mothapiwa

empleado

mothapi

empleador

bodirelo

fábrica

lebenkele

negocio

maemo
ocupaciones

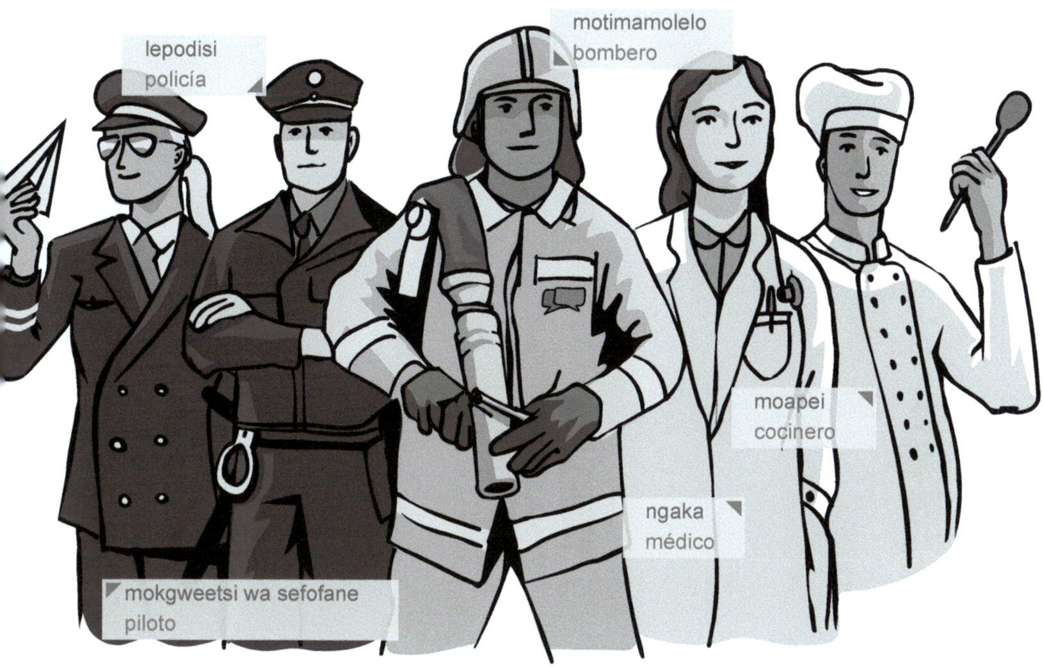
lepodisi
policía
motimamolelo
bombero
moapei
cocinero
ngaka
médico
mokgweetsi wa sefofane
piloto

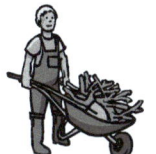

ratshingwana

jardinero

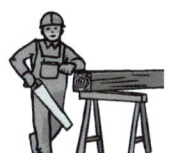

mmetli wa dikgong

carpintero

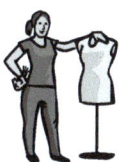

moroki

modista

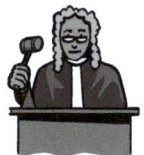

moatlhodi

juez

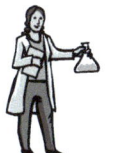

moitse wa melemo

farmacéutico

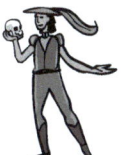

modiragatsi

actor

mokgweetsi wa bese

colectivero

mokgweetsi wa tekisi

taxista

motshwari wa ditlhapi

pescador

Mme yo o phepafatsang

mucama

moruledi

techista

weitara

mozo

motsumi

cazador

motaki

pintor

mmesi wa senkgwe

panadero

ramotlakase

electricista

moagi

albañil

moenjenere

ingeniero

mosegi wa nama

carnicero

motsenyi wa diphaepe tsa metsi

plomero

motsamaisa poso

cartero

leshole

soldado

modiri wa dipolane

arquitecto

morekisi

cajero

morekisi wa malomo

florista

mokgabisamoriri

peluquero

kondactara

cobrador

mokheneke

mecánico

mokapeteine

capitán

ngaka ya meno

dentista

Rasaense

científico

moruti

rabino

imam

imán

moitlami

monje

moruti

sacerdote

didiriswa
herramientas

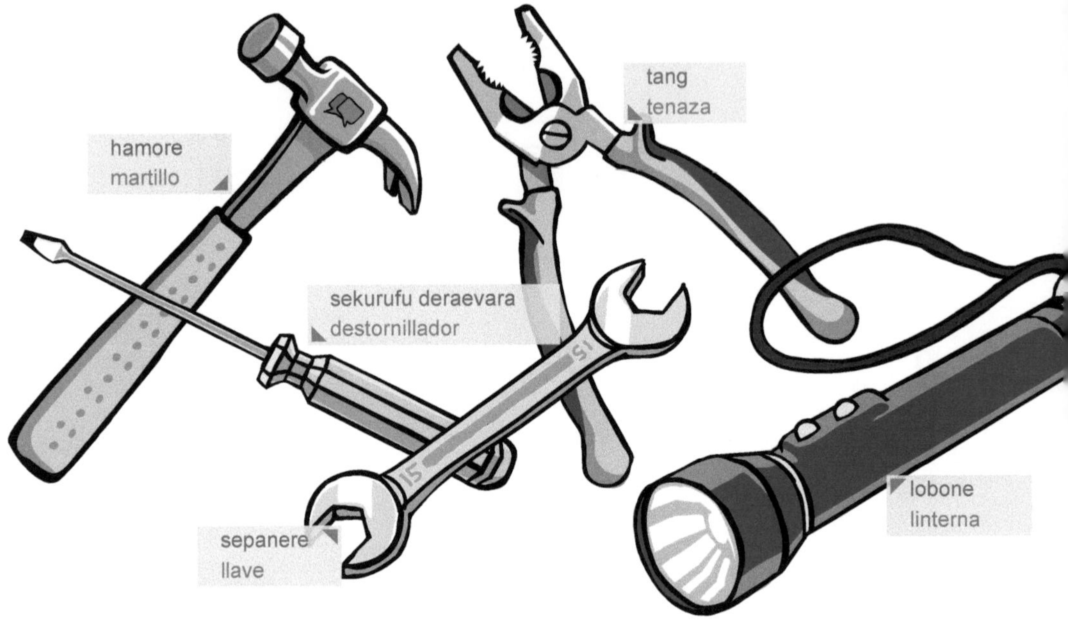
hamore
martillo
tang
tenaza
sekurufu deraevara
destornillador
sepanere
llave
lobone
linterna

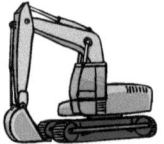

moepi
excavadora

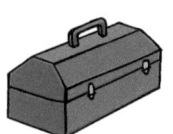

bokoso ya didirisiwa
caja de herramientas

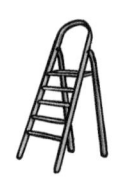

lere
escalera portátil

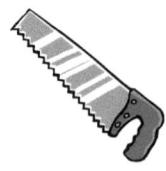

saga
sierra

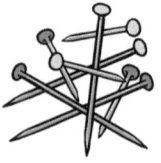

dipekere
clavos

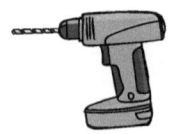

sebori
taladro

baakanya
....
arreglar

garawe
....
pala de jardín

ijaa!
....
¡Qué bronca!

seolela matlakala
....
pala de plástico

pitsa ya pente
....
tacho de pintura

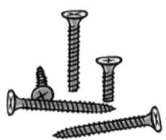

sekurufu
....
tornillos

didirisiwa tsa mmino
instrumentos musicales

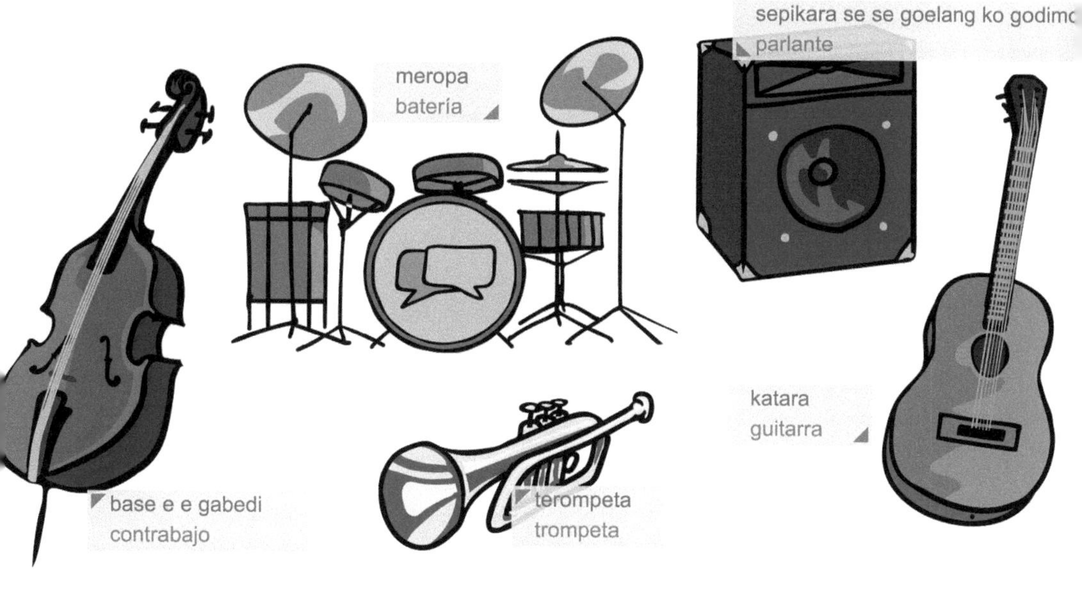

sepikara se se goelang ko godimo
parlante

meropa
batería

katara
guitarra

base e e gabedi
contrabajo

terompeta
trompeta

piano

piano

bayolini

violín

base

bajo

timpane

timbales

meropa

tambor

khiboto

teclado

sekesofone

saxofón

phala

flauta

sebuela godimo

micrófono

lefelo la go bonela diphologolo

zoológico

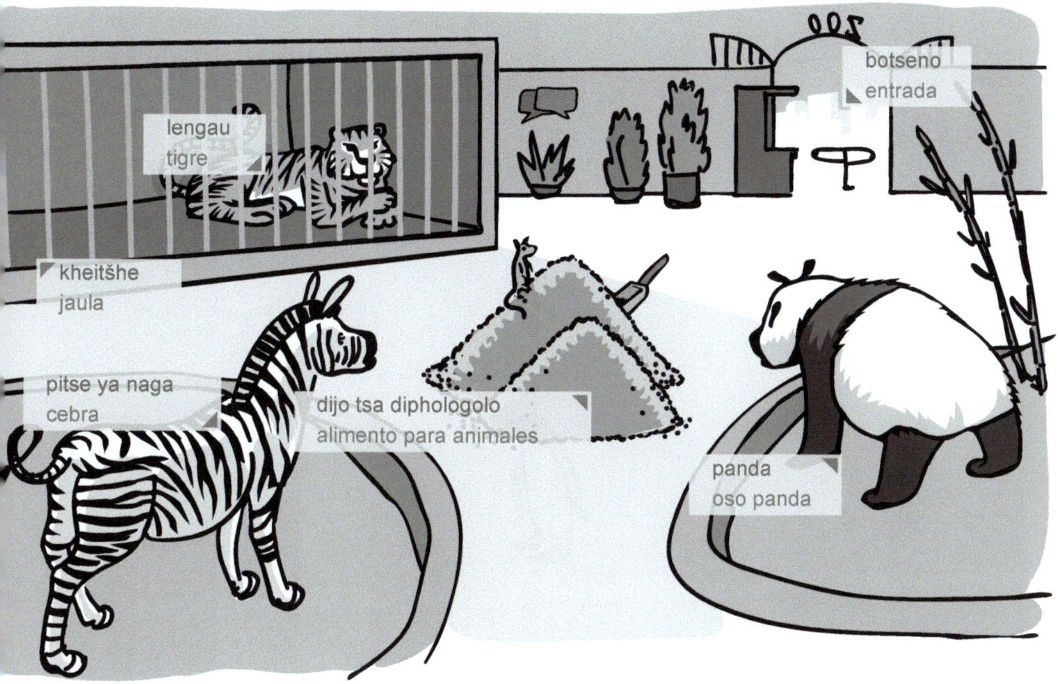

lengau
tigre
botseno
entrada
kheitšhe
jaula
pitse ya naga
cebra
dijo tsa diphologolo
alimento para animales
panda
oso panda

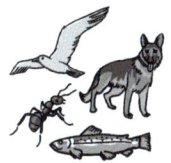

diphologolo

animales

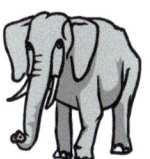

tlou

elefante

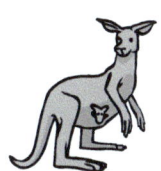

dikhankaruu

canguro

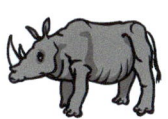

tshukudu

rinoceronte

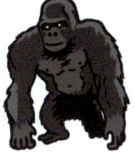

tshweni

gorila

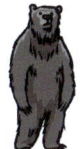

bera

oso

kamela

camello

kalakune

avestruz

tau

león

tshwene

mono

flamingo

flamenco

papalagae

loro

bera e e dulang ko lefelong
le le tsididi thata

oso polar

nonyane tsa lewatle

pingüino

leruarua

tiburón

phikoko

pavo real

noga

serpiente

kwena

cocodrilo

motlhokomedi wa
diphologolo

cuidador del zoológico

sili

foca

katse

jaguar

petsana

poni

lengau

leopardo

tshukudu

hipopótamo

thutlwa

jirafa

ntsu

águila

dikolobe tsa naga

jabalí

tlhapi

pescado

khudu

tortuga

walrus

morsa

ntja ya naga

zorro

tshephe

gacela

kgwele ya dinao ya Amerika
fútbol americano

motshameko wa baesekele
ciclismo

tenese
tenis

baseketebolo
básquet

thuma
natación

motshameko wa go lwa ka diatla
boxeo

hockey ya mo aeseng
hockey sobre hielo

kgwele ya dinao

fútbol

badminthone

bádminton

atletiki

atletismo

kgwele ya diatla

handball

skiing

esquí

polo

polo

didirwa

actividades

tshega
reír
tlola
saltar
tlamparela
abrazar
tsamaya
caminar
opela
cantar
lora
soñar
rapela
rezar
atla
besar

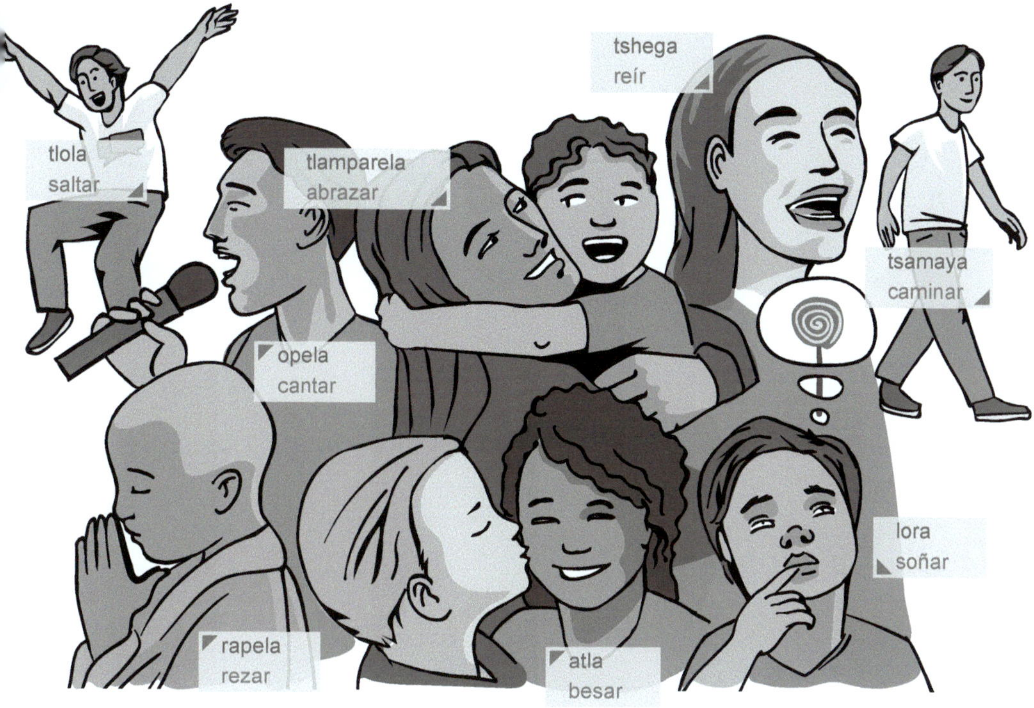

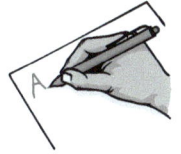

kwala
escribir

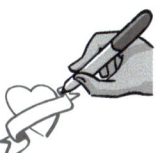

torowa
dibujar

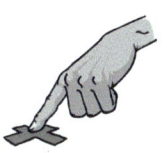

bontsha
mostrar

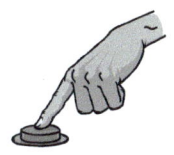

kgorometsa
presionar

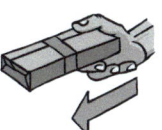

naya
dar

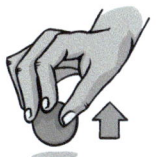

tsaya
tomar

go nna

tener

dira

hacer

nna

ser

ema

estar parado

taboga

correr

goga

tirar

latlha

tirar

wa

caer

maaka

estar acostado

ema

esperar

tsholetsa

llevar

dula

estar sentado

apara

vestirse

robala

dormir

tsoga

despertar

leba

mirar

lela

llorar

thuma ka lemorago

acariciar

kama

peinar

bua

hablar

tlhaloganya

entender

botsa

preguntar

reetsa

escuchar

nwa

beber

ja

comer

phepafatsa

ordenar

lorato

amar

apaya

cocinar

kgweetsa

manejar

fofa

volar

seila

navegar

khalkhuleitara

calcular

bala

leer

ithute

aprender

dira

trabajar

nyala

casarse

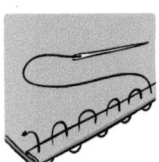

roka

coser

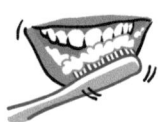

tlhapa meno

cepillarse los dientes

bolaya

matar

tsuba

fumar

romela

enviar

lelapa
familia

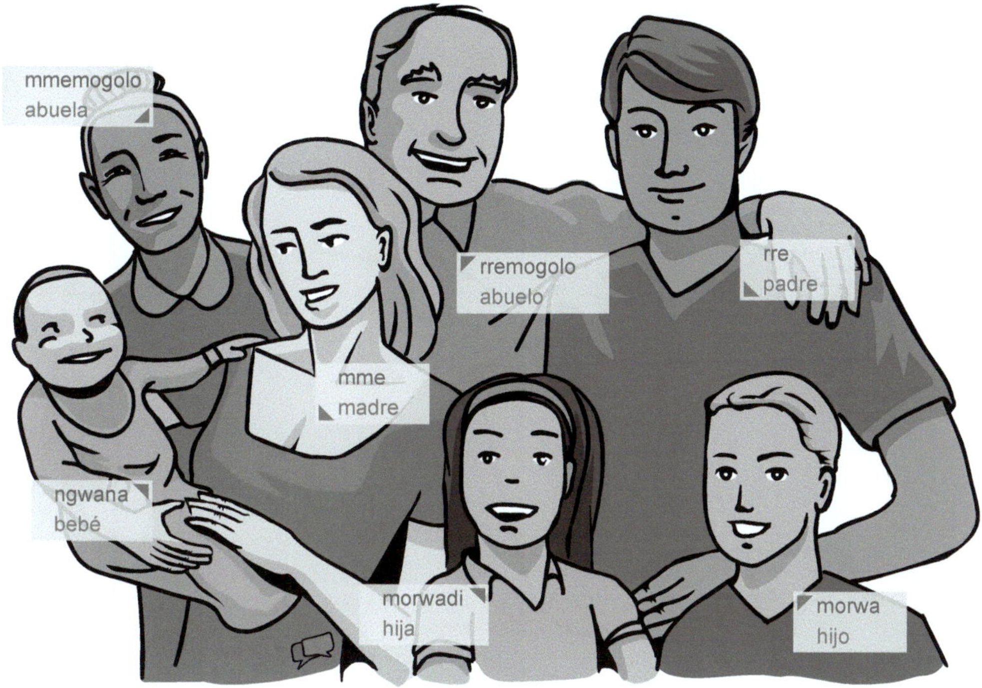
mmemogolo
abuela
rremogolo
abuelo
rre
padre
mme
madre
ngwana
bebé
morwadi
hija
morwa
hijo

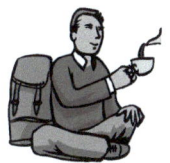

moeng

invitado

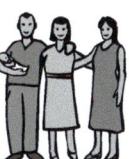

mmangwane

tía

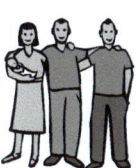

malome

tío

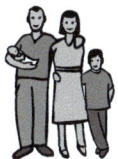

abuti

hermano

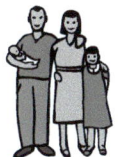

ausi

hermana

mmele

cuerpo

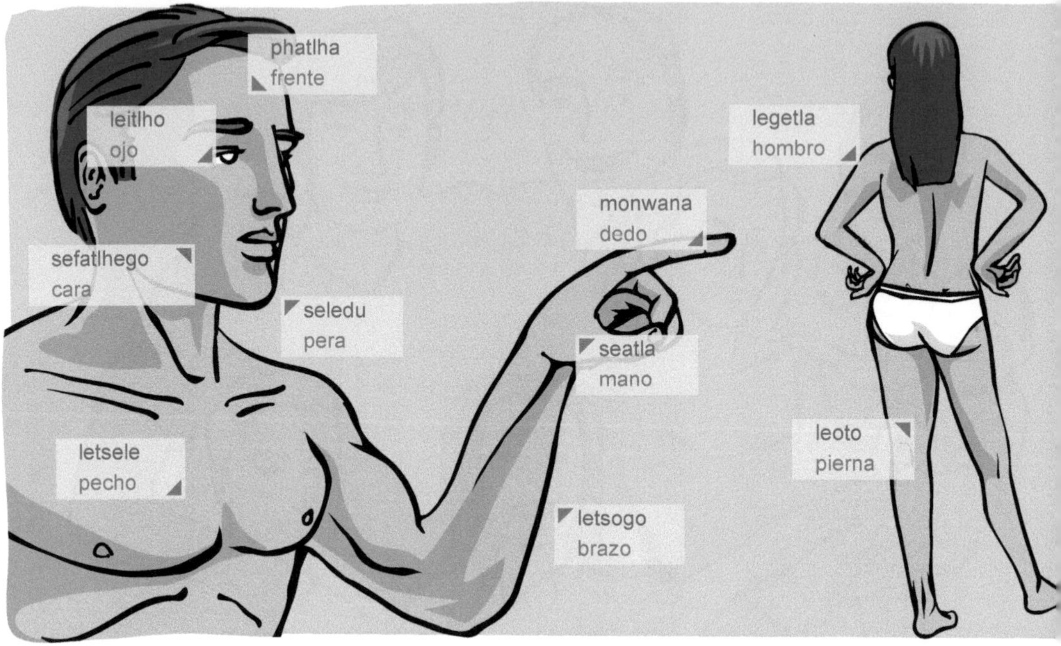

phatlha
frente

leitlho
ojo

legetla
hombro

monwana
dedo

sefatlhego
cara

seledu
pera

seatla
mano

letsele
pecho

leoto
pierna

letsogo
brazo

ngwana

bebé

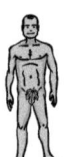

monna

hombre

mosadi

mujer

mosetsana

nena

mosimane

nene

tlhogo

cabeza

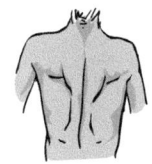

mokwatla

espalda

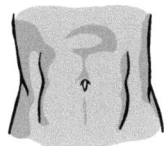

mpa

panza

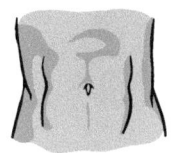

khubu

ombligo

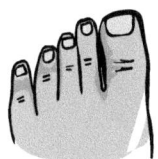

monwana

dedo del pie

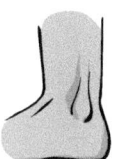

serethe

talón

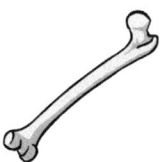

lerapo

hueso

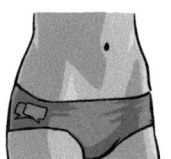

letheka

cadera

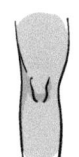

lengole

rodilla

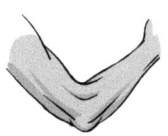

sekgono

codo

nko

nariz

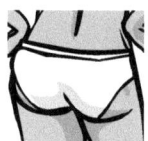

ko tlase

cola

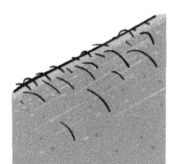

letlalo

piel

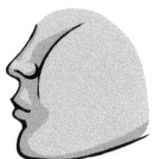

lerama

cachete

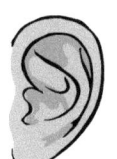

tsebe

oreja

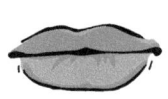

pounama

labio

mmele - cuerpo

molomo
boca

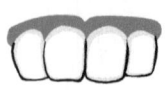

leino
diente

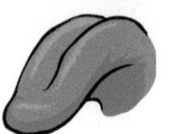

loleme
lengua

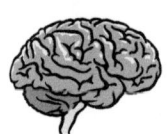

boboko
cerebro

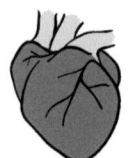

pelo
corazón

maatla
músculo

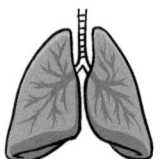

lekgwafo
pulmón

sebete
hígado

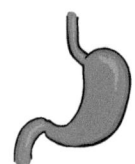

mala
estómago

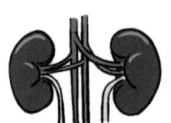

diphio
riñones

bong
sexo

mosomelwana
preservativo

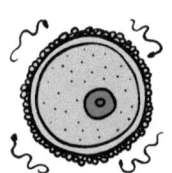

sebelegi sa ngwana
óvulo

semen
semen

moimana
embarazo

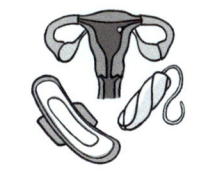

dinako tsa go tla ka kgwedi
tsa basadi
....
menstruación

serwe sa mosadi
....
vagina

serwe sa monna
....
pene

dintshi
....
ceja

moriri
....
pelo

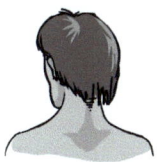

thamo
....
cuello

sepetlele
hospital

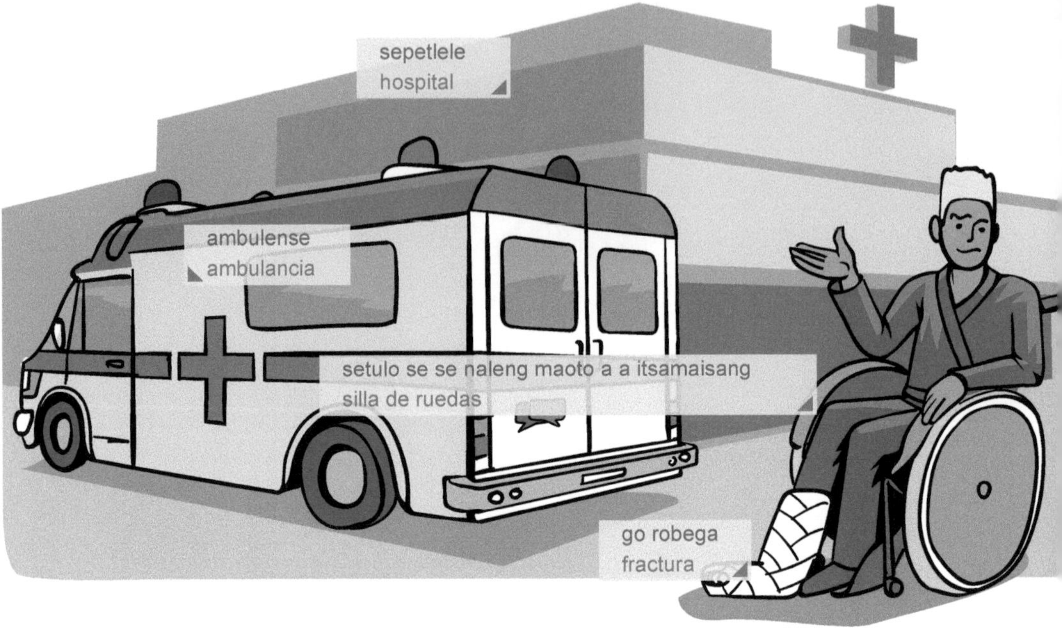

sepetlele
hospital
ambulense
ambulancia
setulo se se naleng maoto a a itsamaisang
silla de ruedas
go robega
fractura

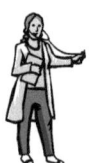

ngaka

médico

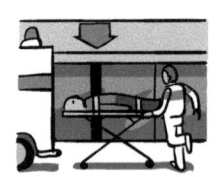

phaphosi ya tshoganyetso

sala de guardia

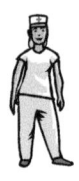

mooki

enfermera

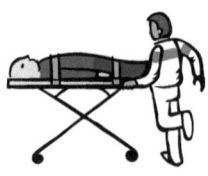

tshoganyetso

emergencia

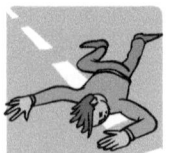

idibala

inconsciente

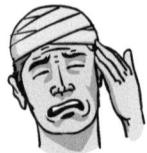

setlhabi

dolor

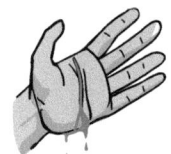

kgobalo

lesión

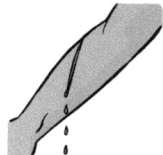

go dutla madi

hemorragia

tlhaselo ya pelo

infarto

setorouko

ACV

bolwetsi

alergia

go gotlhola

tos

fulu

fiebre

fulu

gripe

letshololo

diarrea

opiwa ke tlhogo

dolor de cabeza

kankere

cáncer

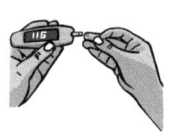

sukiri ya mmele

diabetes

moari

cirujano

sekalepele

bisturí

karo

operación

CT
....
TC

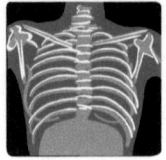

x-ray
....
rayos x

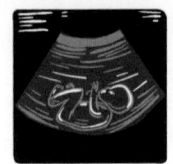

motšhini wa go leba mo mpeng
....
ecografía

sesira sefatlhego
....
barbijo

twatsi
....
enfermedad

phaposi boletelo
....
sala de espera

dithobane
....
muleta

polasetara
....
curita

sefapho
....
venda

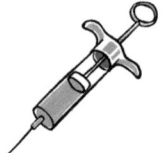

lemao
....
inyección

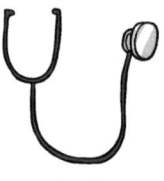

setetosekoupu
....
estetoscopio

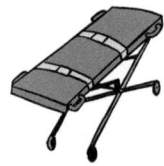

seteretšhara
....
camilla

themometara ya bongaka
....
termómetro

pelegi
....
nacimiento

bokima jwa mmele
....
sobrepeso

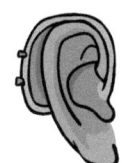

sedirisiwa sa go thusa go
utlwa
....
audífono

sesireletsa dintho
....
desinfectante

tshwaetso
....
infección

mogare
....
virus

HIV / AIDS
....
VIH / SIDA

melemo
....
remedio

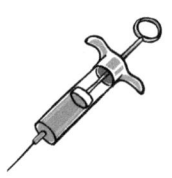

mokento
....
vacunación

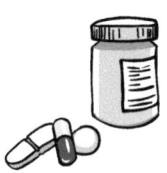

thabolete
....
comprimidos

pilisi
....
pastilla anticonceptiva

mogala wa tshoganyetso
....
llamada de emergencia

motšhini wa go ela tlhoko
kgatelelo ya madi
....
tensiómetro

lwala / itekanetse
....
enfermo / sano

Thusa!

¡Ayuda!

tshotlako

agresión

tlhasela

ataque

kotsi

peligro

kgoro ya tshoganyetso

salida de emergencia

alamo

alarma

Molelo!

¡Fuego!

setima moleleo

matafuego

kotsi

accidente

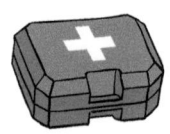

khiti ya go thusa ka dikgobalo

botiquín de primeros auxilios

SOS

SOS

lepodisi

policía

Yuropa

Europa

Bokone jwa Amerika

América del Norte

Borwa jwa Amerika

América del Sur

Aforika

África

Asia

Asia

Australia

Australia

Atlantic

Atlántico

Pacific

Pacífico

Lewatle la India

Océano Índico

Lewatle la Antarctic

Océano Antártico

Lewatle la Arctic

Océano Ártico

Bokone

polo norte

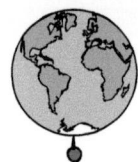

Borwa
....
polo sur

Antartica
....
Antártida

Lefatshe
....
Tierra

lefatshe
....
tierra

lewatle
....
mar

losi lwa lewatle
....
isla

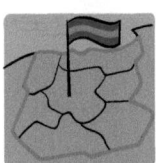

lotso
....
nación

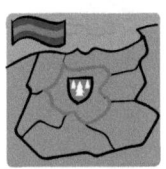

boemo
....
estado

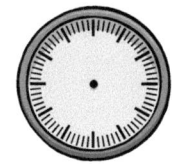

lentle la tshupanako

esfera

letsogo la ura

manecilla de las horas

letsogo la metsotso

minutero

letsogo la metsotswana

segundero

ke nako mang?

¿Qué hora es?

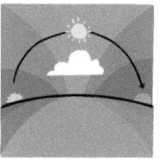

letsatsi

día

nako

hora

go ne jaanong

ahora

tshupanako ya dijithale

reloj digital

metsotso

minuto

ura

hora

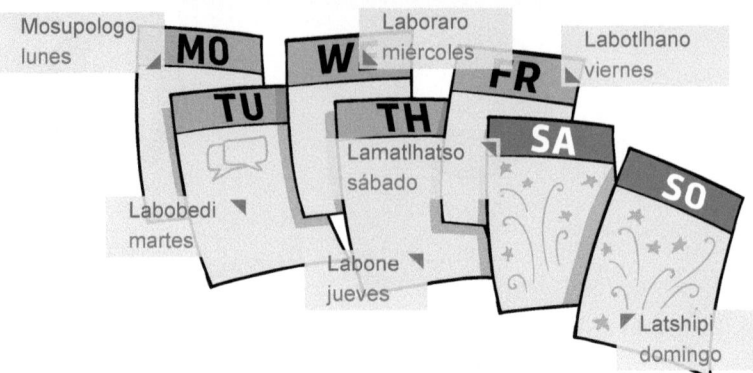

Mosupologo
lunes

Laboraro
miércoles

Labotlhano
viernes

Labobedi
martes

Lamatlhatso
sábado

Labone
jueves

Latshipi
domingo

maabane

ayer

gompieno

hoy

kamoso

mañana

moso

mañana

thapama

mediodía

maitseboa

tarde

MO TU WE TH FR SA SU
1	2	3	4	5	6	7
8	9	10	11	12	13	14
15	16	17	18	19	20	21
22	23	24	25	26	27	28
29	30	31	1	2	3	4

malatsi a tiro

días hábiles

MO TU WE TH FR SA SU
1	2	3	4	5	6	7
8	9	10	11	12	13	14
15	16	17	18	19	20	21
22	23	24	25	26	27	28
29	30	31	1	2	3	4

mafelo a beke

fin de semana

ngwaga
año

pula
lluvia
motshe wa badimo
arco iris
letlhwa
nieve
phefo
viento
dikgakologo
primavera
letlhafula
otoño
selemo
verano
mariga
invierno

4.APRIL 11°
5.APRIL 4°
6.APRIL 13°
7.APRIL 8°
8.APRIL 10°

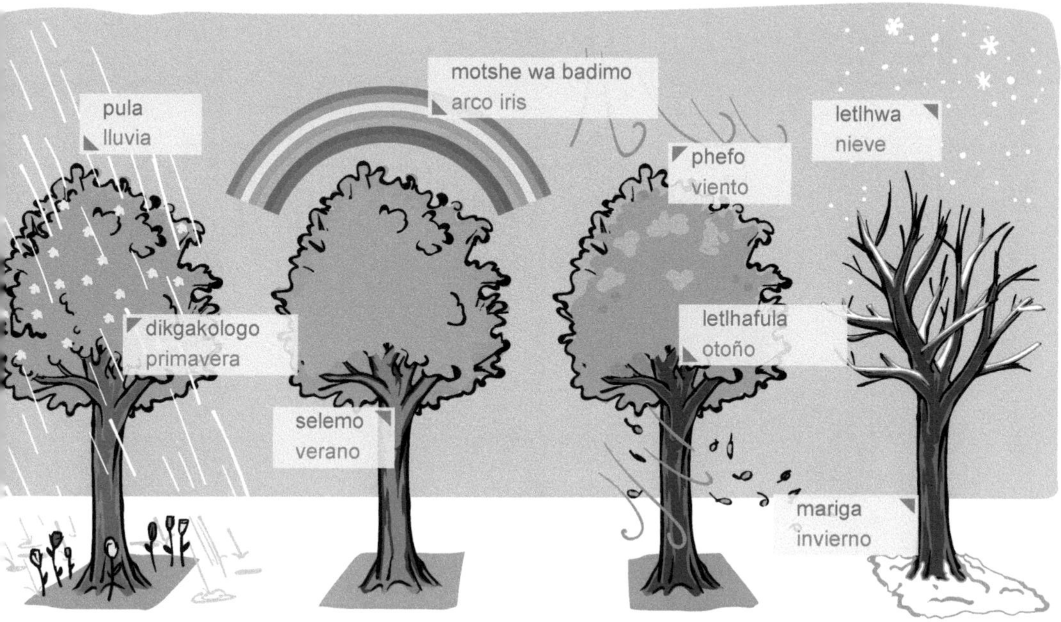

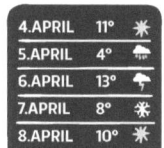

botsogo jwa loapi

pronóstico meteorológico

F
C
120
90
60
30
0
-30
40
30
20
10
0
-10
-20

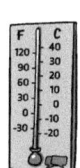

themomithara

termómetro

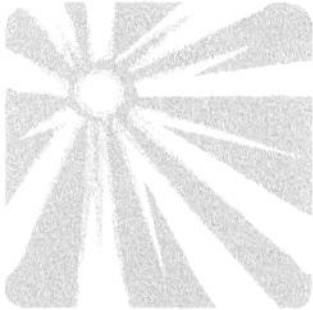

letsatsi

luz del sol

leru

nube

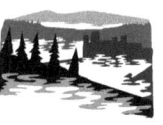

mouwane

niebla

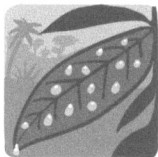

humidity

humedad

legadima

rayo

modumo wa maru

trueno

matsubutsubu

tormenta

sefako

granizo

monsoon

monzón

morwalela

inundación

aese

hielo

Ferikgong

enero

Tlhakole

febrero

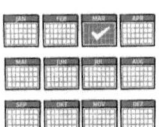

Mopitlwe

marzo

Moranang

abril

Motsheganong

mayo

Seetebosigo

junio

Phukwi

julio

Phatwe

agosto

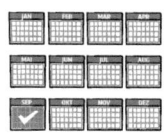

Lwetse

septiembre

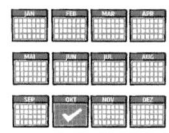

Diphalane

octubre

Ngwanaatsele

noviembre

Sedimonthole

diciembre

dipopego
formas

kgolokwe

círculo

khutlonne

cuadrado

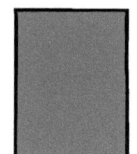

khutlonnetsepa

rectángulo

khutlotharo

triángulo

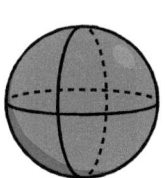

khutlo

esfera

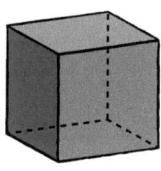

khiubu

cubo

tshweu

blanco

serolwana

amarillo

mmala wa namune

naranja

pinki

rosa

khibidu

rojo

bohibidu jo bo mokgona

violeta

pududu

azul

tala

verde

tshetlha

marrón

tshetlha

gris

ntsho

negro

go le gontsi / go nnye

mucho / poco

go kwata / go ritibala

enojado / tranquilo

montle / maswe

lindo / feo

tshimologo / bofelo

principio / fin

tonna / nnyane

grande / chico

lesedi / lefifi

claro / oscuro

abuti / ausi

hermano / hermana

phepa / leswe

limpio / sucio

feletse / go sa felela

completo / incompleto

motshegare / bosigo

día / noche

o sule / o a tshela

muerto / vivo

bophara / tshesane

ancho / angosto

ya jega / ga e jege

comestible / no comestible

bosula / molemo

malo / amable

go itumela thata / go se itumele

entusiasmado / aburrido

nonne / tshesane

gordo / flaco

ntlha / bofelo

primero / último

tsala / sera

amigo / enemigo

tletse / lolea

lleno / vacío

thata / bonolo

duro / blando

bokete / motlhofo

pesado / liviano

tlala / lenyora

hambre / sed

lwala / itekanetse

enfermo / sano

dumelesega / dumeletswe

ilegal / legal

botlhale / sematla

inteligente / estúpido

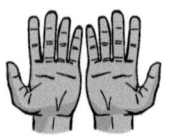

molema / moja

izquierda / derecha

gaufi / kgakala

cerca / lejos

sesha / ya kgale

nuevo / usado

sepe / sengwe

nada / algo

mogolo / mosha

viejo / joven

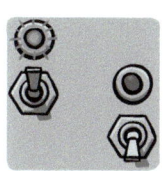

tsenya / tima

encendido / apagado

bula / tswetswe

abierto / cerrado

tidimalo / modumo

silencioso / ruidoso

khumo / lehuma

rico / pobre

siame / phoso

correcto / incorrecto

ditlhotlhori / borethe

áspero / suave

hutsafetse / itumetse

triste / contento

khutshwane / telele

corto / largo

bonya / bonako

lento / rápido

metsi / omile

mojado / seco

mololo / tsididi

caliente / frío

ntwa / kagiso

guerra / paz

0

lefela

cero

1

nngwe

uno

2

pedi

dos

3

tharo

tres

4

nne

cuatro

5

tlhano

cinco

6

thataro

seis

7

supa

siete

8

robedi

ocho

9

robonngwe

nueve

10

lesome

diez

11

some nngwe

once

12

some pedi

doce

13

some tharo

trece

14

some nne

catorce

15

some tlhano

quince

16

some thataro

dieciséis

17

some supa

diecisiete

18

some robedi

dieciocho

19

some robonngwe

diecinueve

20

masomamabedi

veinte

100

lekgolo

cien

1.000

sekete

mil

1.000.000

milione

millón

Sejatlhapi

inglés

Sejatlhapi sa Amerika

inglés americano

se-China

chino mandarín

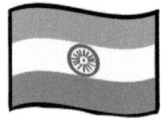

se-Hindi

hindi

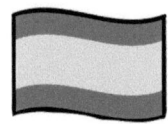

se-Spanish

español

se-For a

francés

se-Araba

árabe

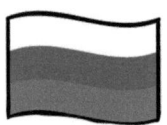

se-Russia

ruso

se-Potokisi

portugués

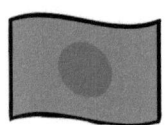

se-Bengali

bengalí

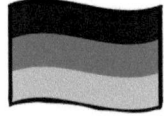

se-Jeremane

alemán

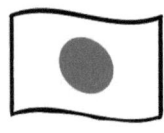

se-Japane

japonés

Nna

yo

wena

vos

ene / ene / sone

él / ella

re

nosotros

wena

ustedes

bone

ellos

mang?

¿quién?

eng?

¿qué?

jang?

¿cómo?

kae?

¿dónde?

leng?

¿cuándo?

leina

nombre

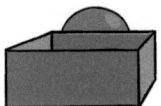

mo morago

detrás

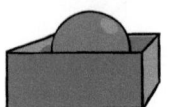

mo

en

fa pele ga

adelante de

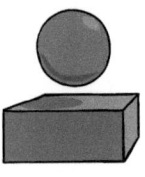

godimo

por encima de

mo

sobre

fa tlase

debajo de

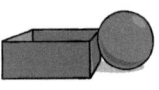

mo thoko

al lado de

magareng

entre

lefelo

lugar